Elizabeth Clare Prophet

Seraphim – Die Engel des Erfolges

W0046948

SERAPHIM
DIE ENGEL DES ERFOLGES

Elizabeth Clare Prophet

Aus dem Amerikanischen von Andrea Fischer

//////////////// SILBERSCHNUR ////////////////

Summit University Press · 63 Summit Way, Gardiner, Montana 59030, U.S.A.
Tel.: 406-848-9500 – Fax: 406-848-9555
info@summituniversitypress.com · www.summituniversitypress.com

ISBN: 978-389845-264-9

1. Auflage 2009   2. Auflage 2012

Titelbild © Marius Michael-George
Übersetzung: Andrea Fischer
Gestaltung & Satz: XPresentation, Güllesheim
Druck: Finidr, s.r.o. Cesky Tesin

Verlag "Die Silberschnur" GmbH • Steinstr. 1 • 56593 Güllesheim
www.silberschnur.de Email: info@silberschnur.de

INHALTSVERZEICHNIS

EINFÜHRUNG

Dieses Büchlein ist Teil einer Serie von Vorträgen, die Elizabeth Clare Prophet unter dem Motto "Arbeiten mit den sieben Erzengeln – unsere geistigen Führer, Schutzengel und Freunde" verfasst hat.

In diesem Werk werden Sie mehr über Justinius, den Anführer der Scharen der Seraphim, und darüber erfahren, wie Sie mit den Seraphim und den Engeln des Erfolges arbeiten können, um in allen Bereichen des Lebens Erfolg zu haben.

DIE ENGEL DES ERFOLGES –
DIE SERAPHIM

Der heilige Justinius steht an der Spitze des Ordens der Seraphim. Er ist der Anführer der Engelsscharen, die als Seraphim bekannt sind. Der Name Justinius bedeutet 'Der Gerechte'.

Die Seraphim sind Wesen von tiefer Gelassenheit und zugleich von intensivem Feuer. Sie nehmen das Licht der spirituellen Sonne in sich auf und lenken es durch das gesamte Universum sowie durch unsere Erde. Sie ziehen Wolken des Ruhmes hinter sich her. In einigen Überlieferungen werden die Seraphim als diejenigen bezeichnet, 'die brennen'. Das hebräische Wort, von dem sich der Name 'Seraphim' ableitet, ist ein aktives Verb mit der Bedeutung 'durch Feuer verzehren oder verbrennen'. Folglich müssten wir die Seraphim weniger als 'Wesen, die glühen oder leuchten' betrachten, sondern vielmehr als aktiv Handelnde, die Reinigung bringen. Diese Reinigung bewirken sie durch das heilige Feuer.

Wie können wir nun das Feuer der Seraphim empfangen? Indem wir das heilige Feuer mittels Mantren und Dekreten anrufen, so dass es in unserer Aura präsent ist. Wir hüllen uns in Feuer ein und empfangen mit diesem Feuer zugleich das Feuer der Seraphim, verschmelzen mit ihm und mit ihrer Aura.

In der jüdischen Überlieferung und der christlichen Lehre bilden die Seraphim den höchsten der Engelschöre. Die Engel werden in neun Chöre klassifiziert - Abteilungen oder Klassifikationen von Engeln, die je nach Dienst, den sie Gott erweisen, und je nachdem, wie nahe sie ihm stehen, eingeteilt sind.

Die Überlieferung besagt, dass die Seraphim Sorge tragende Diener sind, die sich um den Thron Gottes scharen und beständig singen: "Heilig, heilig, heilig, Herr, du allmächtiger Gott. Du bist heilig."

Die Sonne. Gustave Doré

Die Seraphim sind ganz in die Liebe zu Gott und seine Verehrung versunken. Sie verkörpern die Heiligkeit Gottes, weil sie dieses Mantra ständig singen, während sie die spirituelle Sonne, die große Zentralsonne, in unzähligen Kreisen umringen.

In einem System der mystischen jüdischen Überlieferung, die unter der Bezeichnung 'Kabbala' bekannt ist, werden die Seraphim mit Gevurah assoziiert, dem fünften Sefirot oder der fünften Ausstrahlung der Gottheit des Baumes des Lebens. Gevurah bedeutet 'Macht', 'Stärke' oder 'Strenge'. Oft wird er als 'Din' bezeichnet. Das bedeutet 'Richterspruch' oder 'Gerechtigkeit'.

Es gibt eine ganz tiefgründige Erklärung für den Ursprung des Bösen in der Perversion oder Verkehrung von Gevurah, der göttlichen Gerechtigkeit und des göttlichen Richterspruchs. Die gefallenen Engel verdrehten die göttliche Gerechtigkeit zu ihren

---

* Wenn Sie mehr über die Kabbala und deren Verständnis des Ursprungs des Bösen erfahren möchten, finden Sie dies in meinem Werk: "Kabbala: Key to Your Inner Power" ("Kabbala: Schlüssel zu Ihrem inneren Potenzial"), über das ich ebenfalls einen Vortrag verfasst habe. Diese Lehren sind von sehr, sehr großer Bedeutung.

eigenen Richtersprüchen, mit denen sie mitleidlos Unschuldige überhäufen. So wurde 'Gevurah' durch diese Verkehrung in 'Verurteilung' oder auch 'Verdammung' verwandelt und wurde zum Ursprung des Urteilsprinzips der gefallenen Engel.

Wie die Seraphim erscheinen

Wir finden Zeugnisse über die Seraphim im Alten Testament und in anderen Texten. In einem jüdischen Text mit dem Titel 'Das Leben von Adam und Eva' wird berichtet, wie ein sechsflügeliger Engel Adam an den See von Acheron trägt und ihn dreimal in Gottes Gegenwart wäscht.

Wenn wir solche Lehren hören, sollten wir uns daran erinnern, dass wir alle Söhne und Töchter Gottes sind, und dass die Segnung, die eines seiner

Kinder empfangen hat, wir alle ebenso erfahren können.

Wenn Sie möchten, dass ein sechsflügeliger Seraphim Sie dreimal reinigt und wäscht, bitten Sie im Namen des Vaters, des Sohnes, des Heiligen Geistes und der göttlichen Mutter darum. Finden Sie heraus, was der göttliche Wille für Sie ist, wenn Sie den Weg der Läuterung und der Heiligkeit unter dem Schutz der Seraphim und anderer Wesen des vierten Strahls gehen wollen. Es gibt viele Legionen des Lichts, die auf diesem weißen Lichtstrahl Gottes dienen, darunter Erzengel Gabriel und sein göttliches Gegenstück, die Erzengelin Hoffnung.

Ein Text, der als 'Das 3. Buch Henoch' ('Hebräischer Henoch') bekannt ist, stellt eine Apokryphenschrift dar, die u.a. folgende Lehre über die Seraphim enthält:

> *"Wie viele Seraphim gibt es? Vier - entsprechend den vier Winden der Welt. Wie viele Flügel hat jeder von ihnen? Sechs, entsprechend den sechs Tagen der Schöpfung. Wie viele Gesichter haben sie? Sechzehn, vier Gesichter in jede Himmelsrichtung.*

Jupiter. Gustave Doré

Die Ausdehnung der Seraphim und die Größe eines jeden entspricht den sieben Himmeln. Jeder Flügel gleicht der Fülle eines Himmels, und die Größe eines jedes Gesichts gleicht der aufgehenden Sonne.

Jeder von ihnen strahlt ein Licht aus, das dem Glanz des Thrones des Ruhmes gleicht, so dass sogar die heiligen Wesen, die majestätischen Ofanim und die glorreichen Cherubim dieses Licht nicht direkt schauen können, denn die Augen aller, die hineinschauen, werden aufgrund seiner großen Strahlkraft trüb.

Warum heißen sie 'Seraphim?' Weil sie die Tafeln des Satans verbrennen. Jeden Tag setzt sich Satan mit Samma'el, dem Fürsten von Rom, und Dubbi'el, dem Fürsten von Persien, zusammen. Sie schreiben die Sünden Israels auf Tafeln nieder und händigen sie den Seraphim aus, damit diese sie vor den heiligen Herrn bringen - gesegnet sei er -, so dass er Israel von der Welt verschwinden lassen würde. Doch die Seraphim kennen die Geheimnisse des heiligen Herrn – gesegnet sei er – und wissen, dass er den Fall der Nation Israel nicht wünscht. Was tun die Seraphim stattdessen? Jeden Tag nehmen sie dem Satan die Tafeln aus den Händen und verbrennen sie im gleißenden Feuer, das genüber dem hohen und erhabenen Thron lodert, so dass sie nicht in die Nähe des heiligen Herrn gelangen – gesegnet sei er –, wenn er auf dem Thron des Gerichts sitzt und über die ganze Welt in Wahrheit urteilt."[1)

Folgende biblische Referenz auf die Seraphim findet sich im Buch des Jesaja:

"Des Jahres, da der König Usia starb, sah ich den Herrn sitzen auf einem hohen und erhabenen Stuhl, und sein Saum füllte den Tempel.
Seraphim standen über ihm; ein jeglicher hatte sechs Flügel: mit zweien deckten sie ihr Antlitz, mit zweien deckten sie ihre Füße, und mit zweien flogen sie.

*Und einer rief zum andern und sprach:
'Heilig, heilig, heilig ist der Herr Zebaoth;
alle Lande sind seiner Ehre voll!' dass die
Oberschwellen bebten von der Stimme des
Rufens, und das Haus ward voll Rauch.
Da sprach ich: 'Weh' mir, ich vergehe! Denn
ich bin unreiner Lippen und wohne unter
einem Volk von unreinen Lippen; denn ich
habe den König, den Herrn Zebaoth,
gesehen mit meinen Augen.'
Da flog der Seraphim einer zu mir und
hatte eine glühende Kohle in der Hand,
die er mit der Zange vom Altar nahm, und
rührte meinen Mund an und sprach: 'Siehe,
hiemit sind deine Lippen gerührt, dass deine
Missetat von dir genommen werde und
deine Sünde versöhnt sei.'
Und ich hörte die Stimme des Herrn, dass
er sprach: 'Wen soll ich senden? Wer soll
unser Bote sein?' Ich aber sprach: 'Hier bin
ich; sende mich!'"*[2]

Ist es nicht wundervoll, imstande zu sein, Gott
zu antworten, wenn er uns ruft? "Wer wird für

uns gehen? Wer will auf Erden sprechen? Wer wird die Geschichte Gottes erzählen? Wer wird die Geschichte der Schöpfung berichten?" Und jeder Einzelne besitzt in seinem Wesen die Freiheit zu antworten: "Hier bin ich; sende mich."

Es ist wundervoll, dem Herrn unseren Respekt zu erweisen und es ist ein Moment in der Ewigkeit, wenn der Herr uns ruft. Der nächstgrößte Moment in der Ewigkeit ist dann, wenn man diesem Ruf antwortet und sich in aller Freiheit dem Herrn zuwendet.

Diese Initiation bereitete Jesaja auf seine Mission vor. Sie können die Seraphim täglich anrufen und darum bitten, Sie von allem zu reinigen, was nicht Teil Ihrer göttlichen Wirklichkeit ist.

Die Engelserscheinung
des Heiligen Franziskus

Der heilige Franziskus von Assisi hatte eine Begegnung mit den Seraphim. Während einer ekstatischen Vision empfing er die Stigmata, die Wundmale, die denen Christi entsprechen, in welchen dieser während der Kreuzigung durchbohrt wurde – in der Seite, an den Händen und Füßen. Einer der Biografen des heiligen Franziskus erzählt die Geschichte:

"Während er sich eines Morgens an einem Berghang im Gebet mit Gott in einem Zustand der Ekstase befand, oh Wunder, sah er vom Himmel einen sechsflügeligen Seraphim herabsteigen, der vor Feuer leuch-

tete. *Als dieser nach raschem Flug dicht neben dem Mann Gottes in der Luft anhielt, erschien hinter den Flügeln das Bild eines Gekreuzigten. Zwei Flügel erhoben sich über den Kopf, zwei waren ausgebreitet als ob im Schwebeflug und die anderen beiden verdeckten vollends den Körper.*

Beim Anblick dieser Erscheinung verharrte der Diener Gottes in Erstaunen und sein Herz füllte sich mit Freude, vermischt mit Schmerz. Beim Dahinschwinden hinterließ diese Erscheinung in seinem Herzen ein wundersames Brennen. Auf seinem Körper hinterließ sie nicht minder wundersame Spuren. In der Tat begannen sich kurz darauf die Male der Nägel, wie er sie Augenblicke zuvor auf dem Abbild des Gekreuzigten gesehen hatte, an seinen Händen und Füßen zu zeigen. An seiner rechten Seite hatte er die rote Narbe einer Wunde, die aussah, als ob er von einer Lanze durchbohrt worden wäre."[3]

Wir können in den Fußspuren des heiligen Franziskus wandeln und auch wir können den

Seraphim begegnen. Wir wollen uns ihrer Gegenwart erfreuen sowie der Möglichkeit, die wir haben, Gott mit Hilfe seiner heiligen Engel immer näher und näher zu kommen.

Thomas Moore, der berühmte irische Dichter, eine der Inkarnationen unseres geliebten Aufgestiegenen Meisters El Morya, schrieb in seinem Gedicht "The Loves of the Angels" ("Engelliebe") über die Seraphim:

> *"Unmittelbar, direkt am Thron*
> *von Allah stehen, als ob sie seine Allernächs-*
> *ten wären,*
> *die Seraphim*
> *mit der Spur dieses feurigen Schriftzeichens*
> *auf ihrem Banner:*
> *'Göttliche Liebe'!"*

Die Seraphim werden in der christlichen Kunst als große Feuerwesen dargestellt, die vom Licht erstrahlen. Oft werden sie mit roter Farbe gemalt - als Symbol des Feuers -, obgleich die Flammen, die sie umgeben, nicht rot sind, sondern die weißen Flammen der göttlichen Reinigung.

MILLIONEN VON SERAPHIM UNTER DER LEITUNG VON JUSTINIUS

Justinius, der Leiter der Scharen der Seraphim, bietet uns eine Beschreibung seiner Seraphim. Er sagt, die Seraphim seien Feuerwesen, die konzentrische Kreise um die Zentralsonne herum bilden. Auf ihren Runden speichern sie das Licht und das Feuer der Zentralsonne. Dann kommen sie zur Erde oder zu anderen entfernten Planeten, wobei sie tatsächlich Wolken des Ruhmes hinter sich herziehen und eine Prozession auf den kosmischen Verkehrswegen bilden.

Justinius berichtet uns, dass die Seraphim eine gewaltige Größe haben, denn sie sind den Dimensionen der anderen Welten angepasst. Wenn sie vor dem Altar des heiligen Feuers stehen, erscheinen sie als Flammen, die sich spiralförmig immer weiter nach oben erheben.

Justinius unterstehen unzählige Millionen von Seraphim. Er berichtet uns, dass die Zeichnungen von Gustave Doré, auf welchen unendlich erscheinende Massen an himmlischen Heerscharen abgebildet sind, nicht annähernd zeigen können, wie erfüllt der Kosmos von Lichtwesen, von Seraphim und Cherubim, ist.

Ich möchte in Erinnerung rufen, dass die Engel gemäß dem kosmischen Gesetz nicht in die Angelegenheiten der Menschen eingreifen können, bevor wir ihnen nicht über unsere Gebete und kraftvollen Dekrete die Erlaubnis dazu erteilen. Wenn Sie also wünschen, dass die Seraphim Ihnen Hilfe leisten, so müssen Sie diese darum bitten.

Wenn Sie diese Hilfe möchten, können Sie deren Anführer anrufen: "Gegrüßt seist du, Justinius, Anführer der Scharen der Seraphim!" "Gegrüßt seist du!" ist ein freudiger Gruß, der "Guten Tag" bedeutet. Wir sagen "Hallo", die Engel sagen englisch "Hail!", zu Deutsch: "Gegrüßt

Himmlische Chöre. Gustave Doré

seist du!" Zunächst grüßen wir Justinius und seine Seraphim und bitten dann um ihre Hilfe: "Schicke mir die Seraphim, auf dass sie mir helfen, auf dass sie mein Haus beschützen, meine Kinder, meine Gemeinde, meine Nation, meinen Planeten ..." Die Seraphim werden kommen, um Sie zu befreien, um Sie zu erhöhen, um Ihnen bei der Erfüllung Ihrer Mission zu helfen. Sie werden Ihnen helfen, Sie von Depressionen, von jeglicher Art von belastenden Verhaltensmustern, Problemen in Beziehungen und vom Karma in Ihrem Leben zu befreien.

Je weiter wir auf dem spirituellen Weg voran-schreiten, desto mehr werden wir von den Engeln respektiert werden, und desto mehr von ihnen werden sich um uns herum scharen. Je mehr wir unsere Nächsten lieben und denen helfen, die Hilfe brauchen, desto mehr werden uns die Seraphim stärken. Je mehr wir unseren Körper reinigen - indem wir zu leichterer Kost übergehen und schwere Fette und Fleisch, Milchprodukte, übermäßige Mengen an Zucker etc. auf dem Speiseplan reduzieren -, desto mehr Licht können wir aufnehmen.

Kristallhimmel. Gustave Doré

Die Seraphim verehren Gott auch als Mutter. Sie sprechen von Gottvater und Gottmutter und bilden die Ehrengarde für alle, die die göttliche Mutter verkörpern.

UNSERE HÖCHSTE ZIELSETZUNG – DIE VEREINIGUNG MIT GOTT

Die Seraphim werden Ihnen helfen, Ihren größten Erfolg zu erlangen - die erfolgreiche Vereinigung mit Gott im Ritual des Aufstiegs. Der Aufgestiegene Meister Serapis Bey erklärt uns: "Ich kenne keine Kraft, die jemanden bei seinem Aufstieg ins Licht effektiver begleiten kann als die Anstrengungen um Wandlung in die Reinheit des kosmischen Christus, die die Scharen der Seraphim auf sich nehmen."

Die große Zentralsonne. Gustave Doré

Justinius fordert uns auf, folgendes Ziel zu betrachten, "nämlich das Ziel des Aufstiegs, und dieses nicht auf ein späteres Leben oder in die ferne Zukunft zu verschieben. Der Aufstieg findet heute statt. Er findet tagtäglich statt."

Jeden Tag steigt ein Teil von uns auf und kehrt zu Gott zurück. Das Licht im Innern unseres Wesens erhebt sich immer höher. Wir steigen mit unseren Worten und Taten sowie dem Fluss des Heiligen Geistes, der Energie, die Er uns geschenkt hat, auf und kehren zurück zu Gott. So erlangen wir also Augenblick für Augenblick, Atom für Atom unseres Kopfes, unseres Herzens und unserer Gefühle die Vereinigung mit Gott.

Warum wünschen wir diese Vereinigung? Aus einem einzigen Grunde: um die nötige Kraft zu erhalten, anderen Menschen zu helfen, um zu dienen, um alles Leben zu befreien, um diesen Planeten zu heilen, um etwas zur Lösung der Probleme der Menschheit beizutragen. Dies sind die Gründe, weshalb wir nach Gott streben.

Wir streben nicht aus Ehrgeiz nach ihm oder um Macht über unsere Mitmenschen zu erlangen. Wir erstreben die Vereinigung mit Gott auch nicht als eine Art Flucht oder um bei den Menschen als heilig zu gelten.

Die Qualität der Heiligkeit, die die Seraphim uns bringen, hat nichts damit zu tun, perfekt im menschlichen Sinne zu sein.

Was wir erstreben, ist eine Einheit mit Gott, wie die, die der heilige Franziskus und andere Heilige, die wir bewundern, hatten. Sie verrichteten ihre Arbeit, sie taten sie gut und sie waren nicht auf Beifall aus – einige von ihnen blieben völlig unbemerkt und von einigen kennt unsere Geschichte nicht einmal die Namen. Und dennoch sind sie die Feuersäulen in der Erde, sie werden immer von Seraphimen begleitet, wie es auch uns möglich ist.

Wir müssen wissen, dass Heiligkeit kein 'antiseptischer Zustand' ist. Sie ist keine Starre und auch keine roboterhafte Mentalität, die uns mit strikter Miene von einem Ort zum anderen laufen und menschlich perfekt erscheinen lässt. Es gibt keine menschliche Perfektion. Wir alle, wir Menschen, sind nicht perfekt. Doch das ist es nicht, worauf Gott achtet.

Gott schaut in die Tiefen unseres Seins, um zu erkennen, welches unser Herzenswunsch ist, wohin unser Leben tendiert und in welche Richtung wir gehen. Tragen wir dazu bei, dass das Leben einen Aufwärtskurs nimmt? Halten wir unsere Chakren mit Licht gefüllt, um so immer etwas dabeizuhaben, was wir den weniger Gesegneten geben können?

DER INNERE WEG –
SEITE AN SEITE MIT GOTT

Der Weg der Aufgestiegenen Meister und der Engel ist ein praktischer Pfad, der durchführbar ist. Dennoch ist es ein mystischer Weg, ein innerer Spaziergang mit Gott, auf dem wir mit ihm im Herzen über einen Vermittler sprechen - unser Höheres Selbst, unser Heiliges Christusselbst.

Wir brauchen keinen Dolmetscher, um mit Gott zu sprechen. Und wir brauchen niemanden, der uns sagt, wann wir gut genug sind, um mit Gott zu sprechen. Gott hat uns bereits das Geschenk seiner Gegenwart gemacht. Wir wollen uns also nicht selbst für unsere Werke der Vergangenheit verdammen. Die Dämonen haben großes Vergnügen daran, uns zu verurteilen, doch wir sollten diese Verurteilung nicht anzunehmen. Die Richtersprüche, die wir akzeptieren, sind die Richtersprüche Gottes und nicht die der Dämonen.

Gott kann einem Mörder, einem Ehebrecher, einem Menschen, der ein Kind vergewaltigt hat, ja jedem vergeben, der bereit ist, sein Leben neu zu gestalten und der sich zum wirklichen Herzen Gottes in seinem Inneren bekehrt. Es ist nicht wichtig, wie groß oder wie klein die Sünde ist - glauben Sie niemals, dass es ein Schandfleck ist, den die violette Flamme und das heilige Feuer der Seraphim nicht verwandeln könnten.

Öffnen Sie sich für die Seraphim

Öffnen Sie sich für die Seraphim, die mit dem alles verzehrenden Feuer Gottes kommen. Übergeben Sie ihnen Ihre schmutzigen Lumpen, Ihre abgetragenen Kleider. Erlauben Sie, dass die Seraphim den Dachboden Ihres Geistes sowie das Souterrain und den Keller Ihres physischen Körpers reinigen. Lassen Sie uns einen Prozess der Entschlackung, der Reinigung und des Fastens beginnen. Wenn Sie möchten, können Sie einen Tag lang fasten, indem Sie nur Wasser oder Bancha-Tee trinken. Sie können fasten und ein ganz normaler Mensch bleiben, ohne ein Eremit zu sein, der sich von der Gesellschaft isoliert. Niemand braucht je zu wissen, dass es Ihr Bestreben ist, die göttliche Heiligkeit zu erlangen.

Zu Gott sprechen Sie in Ihrem Herzen: Dort flüstern Sie ihm Ihre tiefsten Geheimnisse, Ihre größten Liebeserklärungen, Ihre Probleme zu: vor dem Altar des Herzens.

Dieser Altar ist als 'Geheimkammer des Herzens' bekannt, als das Chakra des achten Strahls. Ihre Seele kann dort mit Christus und Buddha kommunizieren. Diese Geheimkammer des Herzens ist von einer Dimension, die so groß ist wie der gesamte Kosmos und doch ist sie im physikalischen Sinne des Wortes nicht messbar. Doch spirituell ausgedrückt können wir sagen, dass sie unsere 'innere Burg'* ist, wie es die heilige Teresa von Avila bezeichnete. Sie ist der Ort, an dem wir unserem Meister, unserem Guru, unserem Gott und unserem wahren Selbst begegnen. Das ist der innere Weg der Mystiker aller Weltreligionen.

---

* "Die Innere Burg" ist ein sehr empfehlenswertes Buch von Teresa von Avila, Anm. des Lek.

DER WEG DES MYSTIZISMUS

Die großen Weltreligionen beinhalten jeweils zwei Facetten, die mit dem Yin und Yang vergleichbar sind: Zwei entgegengesetzte Kräfte, die sich dennoch ergänzen. Die Religionen verfügen über ein orthodoxes System von Ritualen, das ich gern mit der Schalung vergleiche, die flüssigen Beton umgibt. Das ist die Religion im Außen, die uns das zuteilt, was wir an Struktur, Regeln und Ritualen brauchen. Es ist eine formale Religion.

Je weiter die Menschen auf dem Pfad voranschreiten, desto mehr merken sie, dass dies nicht genügt. Sie fordern mehr. Die Rituale erscheinen hohl, weil ein Ritual nur bedeutungsvoll bleibt, solange der Priester, Pfarrer oder Rabbi eine feurige Gegenwart des Lichtes ist, die das Feuer Gottes in die Worte des Rituals zu gießen vermag. Dabei verwandelt sich das Ritual in einen Kelch, mit dem das Licht des Altars auf die Anwesenden übertragen wird.

Dann gibt es den inneren Pfad des Mystizismus. Die inneren Wege aller Religionen der Welt führen uns zu der Erkenntnis, dass Gott ein lebendiges Feuer ist. Das Feuer ist in allen Religionen der zentrale Schlüssel, angefangen bei den Anhängern Zarathustras über den Taoismus bis hin zum Christentum. Das Feuer des Heiligen Geistes, die Flamme, ist, unabhängig davon, wie man es betrachtet, das Zentrale auf dem Altar des Seins. Ziel des Mystizismus ist es, sich mit der Flamme zu vereinigen, sich mit Gott zu vereinen, verwandelt, gereinigt und erhellt zu werden sowie die völlige Vereinigung einzugehen.

Der mystische Pfad ist ein legitimer Pfad – es ist legitim, wenn jemand wünscht, sich mit Gott zu vereinen. Dies ist weder eine Dummheit noch eine Hysterie oder eine psychische Störung im Menschen. Eins mit Gott zu werden ist unser göttliches Geburtsrecht.

Gott schickt seine Engel, damit sie uns helfen, uns selbst zu transzendieren. Wie transzendiert man sich selbst? Indem wir jeweils ein wenig besser werden, als wir vorher waren. Wir beobachten uns und wir korrigieren uns: "Mir gefällt es nicht, wie ich mit diesem Menschen gesprochen habe. Ich werde meine Worte in Zukunft mit mehr Bedacht wählen. Morgen werden meine Worte freundlicher sein als heute."

Wir korrigieren uns selbst, wir beobachten uns selbst, doch ohne zu sturen Fanatikern zu werden. Wir arbeiten mit den Engeln. Wir rufen sie oft an. Wir rufen Erzengel Jophiel an, damit er seine Engelsscharen schickt, um uns zu unterweisen. Wir sind bereit, unter der Obhut der Seraphim zu lernen. Wir erstreben die Heiligkeit Gottes.

Augenblick für Augenblick dem Aufstieg ein Stückchen näherkommen

Die Bruderschaft sagt uns: "Tragt die Demut wie Unterwäsche. Zeigt sie nicht. Führt ein Leben, das mit euren Glaubensüberzeugungen übereinstimmt und gebt euch besondere Mühe, jedem zu helfen, der Not leidet."

Justinius erklärt uns, dass wir auf diese Weise jeden Augenblick ein Stückchen weiter aufsteigen, Energieeinheit um Energieeinheit, in dem Maße, wie wir Gott die Energie zurückgeben, die er uns geschenkt hat: Wir geben sie über gute Werke, Worte und Taten sowie über die Dekrete mit dem Fluss unserer Liebe zum Heiligen Geist zurück.

Ein grundlegender Text auf dem Weg zur Wiedervereinigung mit Gott ist das Werk "Dossier on the Ascension" ("Dossier über den Aufstieg"), verfasst von dem Aufgestiegenen Meister Serapis Bey, Hohepriester des Tempels des Aufstiegs. Der Tempel des Aufstiegs befindet sich in der Himmelswelt über Luxor in Ägypten. Sie können die Engel bitten, Sie während des Schlafes zur Unterweisung und Vorbereitung dorthin zu bringen, mit dem Ziel, die Initiationen zu empfangen, derer Sie sich unterziehen müssen, um dieses irdische Leben zu überwinden.

Der Aufstieg ist ein Weg der Freude. Auf diesem Weg werden Ihnen alle Prüfungen begegnen, mit welchen Christus konfrontiert wurde, und seine Engel werden Sie unterstützen, Sie werden Ihnen Beistand leisten und für Sie sorgen - wenn Sie nur den Mut aufbringen, zu sein, wer Sie sind, und immer weiter vorandrängen und den Stimmen der Nacht kein Gehör schenken.

ENGEL – AUF ERDEN INKARNIERT

Justinius erklärt uns: "Wir ziehen mit allen Legionen eines jeden Strahls und mit allen Anführern umher." Die Seraphim ziehen mit den sieben Erzengeln und den Engelschören umher. "Wir sind diejenigen, die allen Engeln helfen, ihre Aufgaben zu erfüllen - einschließlich den inkarnierten Engeln wie euch!"

Ist es möglich, dass Sie ein inkarnierter Engel sind? Ja, und ich werde Ihnen verraten, wie dies möglich ist. Einen Teil der Geschichte finden wir im Buch der Offenbarung. Nach dem großen Aufstand verbannte Erzengel Michael die gefallenen Engel aus dem Himmel auf die Erde.[4] Die guten Engel, die im Himmel zurückgeblieben waren, sahen, wie die schlechten Engel herabstiegen, um

41

die Kinder Gottes zu verderben, indem sie diese vom Weg der Liebe zu Gott abbringen wollten. Daher haben sie sich freiwillig angeboten und gebeten: "Lasst uns auf die Erde hinabsteigen und dort mit menschlichen Körpern geboren werden, um mit den Menschen zu arbeiten, sie zu warnen und zu beschützen. Wir werden ihnen von jenen gefallenen Engeln und den schrecklichen Dingen erzählen, die sie im Schilde führen, von den Kriegen und Massenvernichtungen, die sie inszenieren wollen."

Und Gott gestattete es, dass eine große Menge Engel inkarniert. Diese Engel kommen mit dem Vorsatz, die Menschen zu lehren. Häufig finden wir sie in Berufen, in welchen sie ihren Mitmenschen dienen können – sie lieben es zu dienen. Es kann sich um die Arbeit als Krankenschwester handeln, es kann aber auch jeder andere Beruf sein. Immer ist es jedoch ihr Bestreben, sich um die Nächsten zu kümmern, sie zu beschützen und zu bewachen.

Die Geheimkammer des Herzens

Das Feuer Gottes in Ihrem Herzen

Justinius erklärt uns: "Ruft mich zu jeder Tages- und Nachtzeit, denn ich habe eine so feine auditive Wahrnehmung, dass mich alle Töne und Rufe erreichen. Ich verneige mich vor dem Licht in jedem von euch. Ob es nur eine flackernde Lichtflamme oder ein wahres Auflodern ist – ich verneige mich vor dem Licht wie vor einer einzigen Kerzenflamme."

Gott schenkte Ihnen eine 'dreifältige Flamme' oder einen göttlichen Funken, der buchstäblich ein heiliger Feuerfunke aus dem Herzen Gottes ist, verborgen in der Geheimkammer des Herzens. Bei den meisten Menschen ist diese Flamme 1,6 Millimeter hoch. Es ist eine kleine Flamme, und doch hält sie uns am Leben.

Manche haben nur eine schwach flackernde Flamme, andere haben diese Flamme Leben für Leben wachsen lassen. Die Flamme bildet den Fokus der Dreiheit oder Dreieinigkeit - Heiliger Geist, Sohn, Vater und Mutter. Durch Andachten und Dienst am Leben wächst diese Flamme. Das ist auch unser Ziel: Unsere Flamme derart wachsen zu lassen, dass unsere Seele mit ihr und dann mit dem Höheren Selbst verschmelzen kann. Nur dann haben wir unsere Unsterblichkeit gesichert.

DIE UNSTERBLICHKEIT UNSERER SEELE

Es gibt in unserem jetzigen Leben nichts Wichtigeres, als sicherzugehen, dass unsere Seele die Unsterblichkeit erlangt. Viele Menschen glauben, dass die Seele unsterblich ist, doch das ist eine falsche Vorstellung. In der Heiligen Schrift heißt es: "Welche Seele sündigt, die soll sterben."[5] Im Buch der Offenbarung heißt es weiter, dass es ein Jüngstes Gericht und einen zweiten Tod für die geben wird, die das Leben ein ums andere Mal verleugnen, die Gott verleugnen. Es ist ein kosmischer Gnadenakt, wenn solchen Individuen die Flamme des Lebens ausgelöscht wird, denn es ist ihnen nicht möglich, das negative Karma, das sie im Laufe von Hunderttausenden von Jahren angehäuft haben, auszugleichen.

Daher muss die Seele durch die Hochzeit mit dem Christus, dem Höheren Selbst, unverwandelbar gemacht werden. Das ist das Ziel unseres Lebens. Was werden Sie mitnehmen? Nicht den Körper. Nicht Ihren Besitz. Was haben Sie, das ewig währt? Die dreifältige Flamme in Ihrem Herzen, den göttlichen Funken. Die Hindus nennen es Atman. Es ist der Teil eines jeden von uns, der uns die Möglichkeit bietet, die Unsterblichkeit zu erlangen. Die Seele muss sich mit dem Atman vereinen. Sie muss sich mit der dreifältigen Flamme vereinen. Dies kann sie nicht, wenn sie Zorn gegen Gott hegt. Mit diesem einen Wort – 'Zorn' – lässt sich all das zusammenfassen, was wir auf unbewussten und unterbewussten Ebenen unterdrücken: Wut auf unsere Mitmenschen, Wut gegen Gott.

Sie erkennen also, dass es einer Religion, die uns keinen Weg anbietet, der es uns ermöglicht, die Vereinigung der Seele mit diesem heiligen Feuer im jetzigen Leben zu bewirken, am Kern der Sache fehlt, das hier das Herzstück völlig fehlt. Wir können ein ganzes Leben lang an Ritualen teilnehmen und werden unser Herz dem Herrn auf diese Weise womöglich dennoch niemals öffnen.

Sind Sie bereit, die Wirklichkeit zu sehen?

Manche Personen besitzen die Fähigkeit, die Aura zu sehen. Ich beobachte manchmal alle möglichen Arten von Lehrern, Gurus aus dem Osten, Mönche, Priester oder Buddhisten, egal ob aus dem Osten oder aus unserem Land. Ich verfolge, wie sie ihre Rituale, Rosenkränze und Mantren rezitieren. Ich betrachte ihre Aura und schaue ihnen in die Augen – und ich stelle fest, dass viele von ihnen keinerlei Licht ausstrahlen. Dennoch haben sie viele Anhänger, denn die Menschen sind von ihrem eigenen Karma geblendet und erkennen es nicht.

Es ist ganz wichtig, dass Sie die Dinge erkennen möchten und bereit sind zu sehen, wie die Wirklichkeit ist, so schmerzhaft dies auch ist, so problematisch es auch ist, ganz zu schweigen davon, dass unser gesamtes Leben auf den Kopf gestellt wird, wenn wir vorhaben, uns der Realität zu stellen.

Viele Male habe ich Menschen sagen hören: "Nun, ich glaube, dass die Lehren der Aufgestiegenen Meister gut und richtig sind. Sie beantworten alle meine Fragen. Doch ich kann nicht an diesen Lehren teilhaben, weil ich ihretwegen mein ganzes Leben ändern müsste." Im Grunde bedeutet das, was sie sagen: "Sprecht mich im nächsten Leben wieder darauf an. Vielleicht bin ich dann bereit."

Ebenso, wie wir wissen, dass jeden Morgen wieder die Sonne aufgeht, vertrauen wir auch darauf, dass wir ein weiteres Leben bekommen werden. Wir vertrauen darauf, dass Sonne und Sterne sich abwechseln und die Erde sich weiterdreht. Wir vertrauen darauf, dass wir eine weitere Inkarnation erhalten, wenn wir es in dieser nicht schaffen. Doch können wir uns dessen sicher sein? Können wir uns sicher sein, dass wir ein weiteres Leben erhalten, wenn wir die Geschenke nicht annehmen, die Gott uns anbietet?

Justinius sagt uns also, dass er sich vor dem Licht eines jeden von uns verneigt, sei es eine schwach flackernde Flamme oder ein loderndes Leuchten. "ICH BIN also das Instrument Gottes – und das Licht befehlige ich, dem Licht diene ich. Ich diene (...) dem Licht. Es ist mein Auftrag, meine Identität und meine Aufgabe."

Meine Begegnung mit den Seraphim

Ich möchte von meiner persönlichen Begegnung mit den Seraphim Gottes berichten. Dies war für mich eine unglaubliche Erfahrung. Ich studierte an der Universität von Boston und besuchte zugleich die Mutterkirche der Christlichen Wissenschaft, einer Organisation, der ich seit meinem neunten Lebensjahr angehörte. Mein Apartment befand sich ganz in der Nähe der Kirche. Eines Tages, es war schon spät, so gegen acht oder neun Uhr abends, betreute ich einen mir nahestehenden Menschen, der krank war, und für den ich betete.

Aus irgendeinem Grund bekam ich den Impuls, auf einen Sprung hinauszugehen und die Mutterkirche aufzusuchen. Ich wünschte mir so sehr, dass dieser liebe Mensch genesen möge, dass ich in meinem Herzen zu Gott sprach: "Ich weiß, dass ich, wenn ich nur meine Hände an die Außenmauern dieser wundervollen Kirche legen würde, das heilsame Licht auf die kranke Person übertragen könnte."

Ich beschleunigte meinen Schritt, um die Kirche zu erreichen. In jener Nacht fand kein Gottesdienst statt, so dass niemand wirklich dort war. Ich erreichte die ersten großen Türen und legte beide Hände an die Kirchenmauer. Sobald ich dies tat, geschah das Wunder, und ich sah jene gewaltigen Feuerengel, je einen zu beiden Seiten der Türen, den Eingang bewachen.

Es war ein solch beeindruckendes Erlebnis, dass etwas in mir sagen wollte: "Das ist nicht echt. Das ist nicht wahr. Das passiert nicht in Wirklichkeit." Doch ich sah die Engel mit meinen eigenen Augen, sie waren so greifbar, wie ich selbst.

Folglich sprach ich zu mir selbst: "Schauen wir einmal, wie es an den anderen Türen aussieht." Die Kirche ist recht groß: Sie umfasst einen ganzen Häuserblock und kann 5.000 Menschen auf einmal aufnehmen.

Ich ging zum nächsten Eingang und legte meine Hände an die Mauern. Abermals standen dort zwei Seraphim. Möglicherweise hatten sie mir zugezwinkert, ich war mir nicht sicher. Ich ging zu allen Eingängen – und an allen Türen fand ich zwei Seraphim vor, die die Flamme dieser Kirche bewachten.

Dies ist ganz erstaunlich, denn auch wenn Mary Baker Eddy, die Begründerin der Kirche der Christlichen Wissenschaft, lehrt, dass die Engel wirkliche Wesen sind, lautet die offizielle Interpretation eines Engels folgendermaßen: "Die Engel sind die Gedanken Gottes, die zu den Menschen kommen." Mit anderen Worten – die Engel existieren nur in unserer Vorstellung.

Hier ist also eine Gruppe von Menschen, die gemäß ihren metaphysischen Lehren nicht an Engel als wirkliche, greifbare Wesen glaubt – doch eben diese beschützen ihre Kirche. Es ist mir nie gelungen, die Anhänger der Christlichen Wissenschaft davon zu überzeugen, dass es die Engel wirklich gibt.

Dies war ein sehr wichtiger Augenblick in meinem Leben, der mich mit Licht erfüllte. Ich kehrte zu meinem Apartment zurück, legte meine Hände auf den Kranken, und er genas. Ich sagte zu mir in meinem Herzen: "Die glorreichen Möglichkeiten, Gott zu dienen und seine Engel kennen zu lernen, sind doch wirklich unendlich."

SO ERLANGEN SIE ERFOLG MIT DEN ENGELN

Ich möchte Ihnen nun erzählen, wie die Engel uns lehren, erfolgreich zu sein, und wie sie mit uns arbeiten, damit wir Erfolge erlangen. Wenn wir erfolgreich sind, dann deshalb, weil wir etwas gut gemacht haben, weil wir unsere Ziele erreicht haben, weil wir gute Arbeit geleistet haben. Dank dieser Arbeit, dank diesem Dienst, können wir etwas verkaufen, was wir hergestellt oder geschaffen haben. In unserer Gesellschaft bedeutet Erfolg im

Grunde, ein gutes Einkommen zu haben, dass es uns gut geht, dass wir glücklich sind und ein gutes Leben führen.

Ich jedoch bin der Meinung, dass der Erfolg damit beginnt, dass wir uns wieder auf die Matrix des göttlichen Willens einstellen, die Gott am Anfang für uns bestimmt hat. Ich glaube, dass erfolgreich zu sein bedeutet, dass wir uns in unser wahres Sein verwandeln. Ich glaube außerdem, dass wir in der Welt so viel Erfolg haben können, wie wir möchten. Da ist nichts Schlechtes dran - Jesus versprach uns ein Leben in Fülle -, doch ich glaube, dass es bestimmte Grundvoraussetzungen gibt, die die nötigen Fundamente bilden, damit wir Erfolge erlangen können, die von Dauer sind.

Wie oft haben wir erfolgreiche Menschen erlebt, die im Alter von 65 oder gar 85 Jahren sich immer noch leer fühlten und so sehr mit dem materiellen Erfolg in ihrem Leben beschäftigt waren, dass sie bis heute nicht überlegt haben, wie sie Erfolg in seiner spirituellen Facette erlangen könnten ... Sie haben niemals überlegt, dass sie auch auf spiritueller Ebene erfolgreich sein oder eine Niederlage erleiden könnten.

HÖREN SIE AUF DIE STIMME GOTTES

Ich glaube, dass wir bereit sein müssen, auf die Stimme Gottes in uns zu hören und diese Stimme kultivieren müssen; dies ist die Stimme unseres Gewissens, die Stimme unseres Höheren Selbst.

Viele Menschen hören die Stimme Gottes nicht, weil sie diese schon lange zum Schweigen gebracht haben. Sie möchten nicht hören, was diese Stimme zu sagen hat, weil sie dann vielleicht etwas tun müssten, was sie nicht tun möchten. Manche haben auch ein wenig Angst davor, sich vorzustellen, dass sie Gott sprechen hören können.

Wir müssen im Leben bestimmte Schritte tun und kennen diese Schritte gar nicht. Wir haben Karma, und dieses Karma kommt auf uns herunter.

Normalerweise bedeutet dies, dass wir für andere sorgen müssen, dass wir uns in einem aufopferungsvollen Dienst hingeben müssen. Vielleicht möchten wir das nicht. Vielleicht erscheint es uns lästig, vielleicht würde es auch unsere Pläne durchkreuzen, unsere Freizeitgestaltung, die Anschaffung unseres neuen Wagens stören usw.

Doch wissen Sie, was ich im Leben festgestellt habe? Wenn ich nur einmal eine Anweisung Gottes ignoriert habe, habe ich die ganze Verkettung vermisst, die dieser immer folgt. Denn meine Antwort auf eine einzige Anweisung und deren Ausführung hat mich zur nächsten Anweisung geführt, usw. Das Leben ist eine Pyramide. Jedes Mal, wenn wir Gott erhören und seinen Willen erfüllen, tun wir einen Schritt in die richtige Richtung und bauen weiter an den Fundamenten zu dieser Pyramide.

Mit Gott im Reinen

Ich glaube also, dass sich unser Erfolg darauf gründet, ob wir unser Leben für Gott und seine Menschen leben möchten oder nicht. Manche leben stattdessen lieber für ihren persönlichen Ruhm und wollen alles, was die Religion und ihre Mitmenschen ihnen bieten können, rein zu ihrem eigenen Profit nutzen.

Ich glaube, wirklich dauerhafter Erfolg geht weit über dieses Leben hinaus, weit über diese wenigen Jahrzehnte, die wir in diesem Körper haben. Es handelt sich um einen Erfolg, durch den wir unsere Ringe am Baum des Lebens vermehren. Dies gelingt uns, wenn wir auf unsere Lebensqualität achten, wenn wir bedeutsame Erlebnisse mit unseren Mitmenschen und in Gott erfahren.

Ich glaube außerdem, dass alles, was wir auch nur anrühren, sich in einen Erfolg verwandelt, wenn wir mit Gott im Reinen und in Harmonie sind. Mit Gott im Reinen zu sein erfordert, dass wir wirklich daran arbeiten, unsere psychischen Probleme zu lösen. Möglicherweise brauchen wir dazu Bücher, die uns helfen, unsere Psyche zu verstehen. Vielleicht ist es erforderlich, dass wir mit einem Psychologen arbeiten. Wir müssen die abgetrennten Teile unseres Wesens mit der Hilfe Gottes und der Hilfe der Seraphim heilen.

Die Seraphim zählen zu den besten Heilern. Justinius sagt: "Wenn ihr wirklich von euren Leiden befreit werden wollt, dann ruft die Seraphim an."

Wenn wir unsere Ganzheit erreicht haben, wird alles, was wir auch nur anrühren, zum Erfolg führen. Wenn wir diese Ganzheit nicht haben, wird unser fragmentiertes Wesen den Erfolg der Alchemie in Gefahr bringen. Was meine ich mit 'Alchemie'? Ich meine damit die Schritte, die wir tun, um Veränderungen in unserem Inneren oder in der Welt, die uns umgibt, herbeizuführen. Saint Germain lehrt in seinem Buch 'Saint Germain on Alchemy – Formulars for Self-Transformation'

('Saint Germain über Alchemie – Formeln für die Transformierung des Selbst') darüber.

ENTWERFEN SIE IHREN PERSÖNLICHEN ERFOLGSPLAN SCHRIFTLICH

Sie müssen einen Plan haben, um genau das manifestieren zu können, was Sie möchten. Ihr Plan kann die Form einer 'Schatzkarte' haben, d.h. eine kleine Landkarte, auf die Sie Bilder der Dinge, die Sie erreichen möchten, aufkleben. Es kann auch eine Liste dessen sein, was sich in Ihrem Leben alles ereignen soll, und was Sie alles bereit sind zu tun, damit dies so wird.

Arbeiten Sie mit Nachdruck und bilden Sie sich weiter, damit Sie die materiellen Dinge bekommen können, die Sie brauchen und wünschen. Doch widmen Sie diese stets Gott. Bieten Sie ihm den zehnten Teil des Ertrages dar, wie es Abraham mit Melchizedek tat.[6] Zögern Sie niemals, den Zehnten zu geben. Wenn Sie keine Kirche kennen, der Sie den zehnten Teil spenden möchten, so geben Sie eben den Zehnten der besten karitativen Organisation, die Sie kennen, für einen guten Zweck, der Ihres Wissens Ihren Mitmenschen hilft.

Es ist wichtig, dass wir daran denken, dass ein Zehntel dessen, was wir besitzen, Gott gehört. Es ist die Hefe, die dafür sorgt, dass sich der Teig vermehrt. Wenn Sie Gott den Zehnten geben, gibt er Ihnen das Ganze zu 100 Prozent zurück. Gott nimmt diesen Zehnten, benutzt ihn als Hefe und gibt Ihnen das Ganze wieder zu 100 Prozent zurück. Es geht nie schief: Wenn Sie den Zehnten geben, vervielfachen Sie Ihre Fülle.

STECKEN SIE SICH ZIELE

Setzen Sie sich Ziele. Schreiben Sie diese auf und meditieren Sie darüber - was Sie von diesem Tag an für den Rest Ihres Lebens erreichen möchten. Wählen Sie ein Alter, bis zu dem Sie Ihrer Meinung nach leben werden, und sagen Sie dann: "Ganz realistisch - was kann ich erreichen?" Streichen Sie etwa neun Zehntel der Dinge, von welchen Sie glauben, sie bewerkstelligen zu können. Konzentrieren Sie sich auf einen definitiven Nutzen, einen Nutzen, von dem Sie wissen, dass er zu einer besseren Welt führen wird, mit dem Sie ein Beispiel setzen können, mit dem Sie einen Beitrag zur Entwicklung der Zivilisation leisten können.

Finden Sie heraus, welcher Ihr göttlicher Plan ist. Wenn Sie es nicht tun, können Sie Ihr ganzes

Leben vertun. Sie müssen diesen göttlichen Plan in Ihrem eigenen Herzen finden. Bitten Sie Gott in Ihren Gebeten und Dekreten, Ihnen diesen Plan zu zeigen.

Rufen Sie die Engel des Sieges an und bitten Sie diese, Ihnen dabei zu helfen, erfolgreich zu sein und die nötige Entschlossenheit an den Tag zu legen, um ein bestimmtes Ziel zu erreichen. Wenn Sie kein spezifisches Ziel in Ihrem Leben haben, so fragen Sie sich selbst: "Was ist das nur Besonderes, wofür ich mich so richtig begeistern kann?" Dieser brennende Wunsch in Ihrem Herzen ist der Schlüssel, der es Ihnen ermöglichen wird, Ihr Ziel zu finden.

Haben Sie ein Ziel festgelegt, so schreiben Sie es nieder. Schreiben Sie auch auf, mit welchen Mitteln Sie dieses erreichen wollen. Bestimmen Sie außerdem einen begrenzten Zeitraum, um Ihr Ziel zu erreichen. Das Ziel muss immer etwas für Sie persönlich beinhalten, etwas für die Familie, etwas für die Menschheit. Durch das, was Sie tun, sollten Sie spirituell und intellektuell sowie auf jegliche Weise bereichert werden, und ebenso der Rest der Welt. Es ist eine große Freude zu sehen, wie etwas, was Sie getan haben, anderen geholfen hat.

BLEIBEN SIE STETS IN SIEGESSTIMMUNG

Die Engel des Sieges verfügen über eine große Intensität und unglaubliche Entschlossenheit. Sie können Ihnen diese göttliche Entschlossenheit übertragen und Ihnen helfen, so dass Sie Ihr Siegergefühl niemals mehr verlieren.

Der Mächtige Victor (was soviel wie "Mächtiger Sieger" bedeutet), ein Aufgestiegener Meister, der sich seit Jahrtausenden der Flamme des Sieges verschrieben hat, erklärt uns: "Euch kann jemand einzig dann euren Sieg entreißen, wenn ihr das Gefühl für den Sieg verliert und es euch nicht gelingt, euren Sieg für euch zu beanspruchen." Es kann sein, dass wir einen Sieg davontragen, die gefallenen Engel werden dies jedoch niemals zugeben. Daher müssen wir diesen Sieg für uns

63

beanspruchen, auch nachdem wir ihn errungen haben. Wir müssen bekräftigen, dass er uns gehört, und dass ihn uns niemand entreißen kann.

Es genügt nicht, wenn wir ganz kurz davor sind! Wir müssen den Sieg richtig mit Händen greifen, ihn in Besitz nehmen! Mit anderen Worten: Es reicht nicht aus, sich einfach nur am Feuer der Legionen des mächtigen Sieges zu wärmen. Wir müssen gleichsam den Siegergeist verkörpern. Wir müssen die Siegesflamme sein, die Siegesstimmung, die Siegesfreude und die Siegesdynamik.

Wie tut man dies? Heften Sie sich kleine Kärtchen und Pfeile an die Wand, an den Spiegel, überall dorthin, wo Sie sie sehen können. Erinnern Sie sich daran, dass Sie an diesem Tag 24 Stunden Zeit haben, und dass Sie sich aktiv ans Werk machen müssen, um etwas zu tun, das Sie der Erfüllung der Ziele Ihres Lebens näher bringt.

Erlauben Sie sich keine Schwarzmalerei. Beschäftigen Sie sich mit Ihrem Unterbewusstsein und Ihrem Unbewussten, damit nicht irgendeine Art von Negativität just in dem Augenblick an die Oberfläche tritt, wenn Sie den Sieg erlangen.

Verlag

»Die Silberschnur«

Postfach 41

D-56590 Horhausen

K. A. Francis

OM – Die Essenz der göttlichen Energie

120 Seiten, broschiert
ISBN 978-3-89845-316-5
€ (D) 6,95

OM ist der Puls des Universums, der Ton des bewussten Seins. OM hallt in jedem Wort wider, in jeder Bewegung, die im Universum erzeugt wird, und begleitet uns ohne Anfang und Encel Entdecken Sie die wesentliche Bedeutung von OM, damit OM in Ihrem Innern aufsteigen und Körper und Geist harmonisieren kann.

Ja, ich möchte gerne weitere Informationen erhalten.

Bitte senden Sie mir Informationen

○ per E-Mail *oder* ○ per Post

○ zum Verlagsprogramm

○ zu den Novitäten

○ zu Seminaren

Ihr Interesse wird belohnt!

Unter allen Einsendern verlosen wir monatlich 10 Exemplare unseres Buchtipps des Monats.

Einsendeschluss ist jeweils der 15. des laufenden Monats. Die Gewinner werden schriftlich benachrichtigt, der Rechtsweg ist ausgeschlossen.

Name, Vorname

Telefon   E-Mail

Straße, Hausnummer

Land, PLZ, Ort   Unterschrift

Ich erkläre mich damit einverstanden, dass der Verlag »Die Silberschnur« meine Daten zu Direktmarketingzwecken verwenden darf.

Es mag sein, dass Sie psychische Probleme lösen und dem Sieg und der Reinigung Dekrete widmen müssen.

ÜBERWINDEN SIE IHRE SELBSTKRITIK

Die Engel des Sieges helfen uns, unsere Selbstkritik und unseren Mangel an Selbstbewusstsein abzulegen und unseren Pessimismus zu überwinden. Wahrscheinlich hat jeder von uns schon einmal die Erfahrung gemacht, dass uns ganz plötzlich der Gedanke kam, dass wir das Ziel, das wir uns gesteckt haben, nicht erreichen werden. Ich möchte Ihnen versichern, dass Sie es sehr wohl erreichen können, wenn Sie realistisch bleiben. Das Wort 'Realismus' ist in unserer Zeit ganz wichtig, weil die Menschen die Realität nicht sehen möchten.

Legen Sie daher Ihre Selbstkritik, Ihren Mangel an Selbstbewusstsein und Ihren Pessimismus ab, weil diese nicht von Gott kommen. Der Mächtige Victor (der Mächtige Sieger) erklärt uns: "Entfernt aus eurem Kopf und eurem Bewusstsein (...) den Gedanken, dass ihr ein unvollständiger Mensch seid. Werdet euch stattdessen bewusst, dass ihr ein Wesen seid, das in Gott frei ist, das etwas bewirken kann und entschlossen ist, den Weg zu seinem eigenen kosmischen Sieg einzuschlagen."

Seien Sie geduldig mit sich selbst und Ihren Mitmenschen. Kritisieren Sie diese nicht, und Sie werden auf diese Weise nicht jenes Karma wie einen Bumerang auf sich ziehen, was sich darin manifestiert, dass andere wiederum Sie kritisieren und damit nach unten ziehen.

Verachten Sie sich nicht selbst dafür, dass Sie Fehler begangen haben. Wir alle machen Fehler. Manchmal ist es eine Sache des Stolzes, wenn jemand sich selbst verurteilt. Solche Menschen haben einen bestimmten spirituellen oder intellektuellen Stolz. Wenn sie einen Fehler begehen, verurteilen sie sich selbst dafür, weil sie es nicht ertragen können, nicht perfekt zu sein.

Wir sind alle nicht perfekt. Also lassen Sie uns akzeptieren und anerkennen, dass unser wahres Selbst perfekt ist, und dass unsere Seele in Richtung dieser Perfektion strebt.

Justinius sagt, das eine Grundlegende, das sich in diesem Leben zwischen Sie und Ihre Vereinigung mit Gott stellt, besteht darin, dass Sie Ihre Verurteilung jeglichen Lebens, einschließlich Ihrer Selbstkritik, nicht umgewandelt haben. Der Mächtige Victor erklärt uns: 'Vergesst nie die Worte Jesu: "Was ihr einem meiner geringsten Brüder getan habt, das habt ihr mir getan.' Akzeptiert sodann das Mysterium des Sieges: Alle Menschen, die vor euch stehen, sind Gott in Verkleidung ... und beinhalten das Potenzial, sich in Christus zu verwandeln."

So stecken Sie sich Ihre Ziele richtig

Eines der wichtigsten Dinge beim Festlegen der Ziele besteht darin, ein Schüler Jesu oder Gautama Buddhas oder eines anderen großen Lehrmeisters der Vergangenheit oder der Gegenwart zu sein. Sie gehen diszipliniert den großen Weg. Wenn Sie deren Beispiel folgen, werden auch Sie lernen, diszipliniert zu sein. Zeigen Sie außerdem Humor und gehen Sie Ihre Herausforderungen mit Gelassenheit an. Mit der Zeit werden Sie sich daran gewöhnen: Die Herausforderungen werden Ihnen mit Regelmäßigkeit begegnen.

Eines schönen Tages wachte ich auf und erkannte, dass ich in meinem ganzen Leben keine einzige Krise durchlebt hatte, aus der mich Gott nicht mit Hilfe seiner Engel befreit hätte. Also sagte ich mir schließlich: "Ich werde es nicht mehr zulassen, dass mich irgendeine Krise bewegt, weil ich ja das Ergebnis bereits vorher weiß – Gott wird mich erretten, wenn meine Sache eine gerechte Sache ist."

Anstatt sich geknickt zu fühlen, treten Sie also an den Altar und beten Sie. Rufen Sie Gott an und erteilen Sie den Engeln das Recht, Sie im Namen der mächtigen ICH BIN-Gegenwart zu befreien, und sie werden es tun.

Es ist eine solch große Freiheit zu wissen, dass nichts den Erfolg von einem davontragen kann, weil Gott es so will.

BEGEGNEN SIE IHREN HERAUSFORDERUNGEN MIT SPIELERISCHER LEICHTIGKEIT

Die größte Herausforderung in Ihrem ganzen Leben kann darin bestehen, dass Ihr Karma wie ein Bumerang zu Ihnen zurückkehrt. Bleiben Sie bei guter Laune. Lernen Sie, über Widrigkeiten zu lachen und diese zu akzeptieren. Begrüßen Sie alle Herausforderungen mit Freude. Ich rate Ihnen, sich auf die spirituellen Prüfungen vorzubereiten, weil diese unweigerlich zu Ihnen kommen werden – und sie sind bereits auf dem Weg.

Wir können nicht ohne Vorbereitung in eine Prüfung gehen. Wir müssen über Wissen verfügen, die Gesetzmäßigkeiten kennen und wissen, welche Rechte wir zu unserer Verteidigung einsetzen können.

Unser Höheres Selbst ist unser Fürsprecher, doch wir müssen ebenso auch unser eigener Fürsprecher sein. Verlieren Sie also weder Zeit, noch Geld noch Energie.

Wenn Sie sich deprimiert fühlen, rufen Sie sofort die Engel des Sieges an. Der Mächtige Victor hat uns folgendes Fiat gegeben, um seine Engel anzurufen: "Dem Herrn gehört die Erde und alles, was auf ihr ist."

Erzeugen Sie eine Dynamik des Sieges. Notieren Sie es sich jedes Mal, wenn Sie einen Sieg erringen. Lesen Sie sich selbst all die Siege, die Sie trotz aller Arten von Widrigkeiten, einschließlich Ihres Karmas, errungen haben, laut vor. Wenn wir eine Dynamik darin erzeugt haben, Siege zu erringen, bereiten wir uns auf weitere und größere Siege vor.

Die gefallenen Engel werden Ihnen Ihren Sieg nicht überlassen, sie werden Ihnen die Erde nicht überlassen, auch nicht den Stuhl, auf dem Sie sitzen. Sie werden versuchen, Ihnen alles zu entreißen, was Sie haben. Sie müssen wissen, dass Sie Ihre Siegesfackel fest in Händen halten müssen.

Sie müssen Ihren Sieg verteidigen. Manchmal müssen Sie sehr mutig sein und sehr klar und deutlich werden, damit nicht jemand Ihnen Ihren Sieg raubt, Ihre Erfindungen, Ihr Projekt, Ihren besten Freund usw.

AUF ERFOLGSKURS

Es gibt im Leben viele Wege zum Erfolg, und sie beinhalten alle viel Lehrstoff für uns. Ich halte es für wichtig, sich mit ihren Prinzipien auseinander-zusetzen. Wir können von anderen, die bereits erfolgreich sind, immer etwas lernen. Viele dieser Menschen schreiben darüber auch gute Bücher.

Ob Sie Dale Carnegie, Napoleon Hill oder modernere Redner, wie etwa Stephen Covey, studieren – bei allen finden Sie Formeln für den Erfolg. Sie können ihnen Schritt für Schritt folgen.

Doch im Endeffekt werden Sie einzig dauerhaften Erfolg dadurch erzielen, dass Sie diese Prinzipien auf das Fundament Ihrer eigenen persönlichen Christusnatur oder Christusschaft stellen, wenn Sie diese Prinzipien mit dem spirituellen Pfad und den Lehren der Engel sowie den Dekreten kombinieren. Mit anderen Worten: Erfolg beginnt und endet damit, zu dem zu werden, der wir wirklich sind.

Dekrete für Herz, Kopf und Hand

Heart

Violet Fire, thou Love divine,
Blaze within this heart of mine!
Thou art Mercy forever true,
Keep me always in tune with you.

Head

I AM Light, thou Christ in me,
Set my mind forever free;
Violet Fire, forever shine
Deep within this mind of mine.

God who gives my daily bread,
With Violet Fire fill my head
Till thy radiance heavenlike
Makes my mind a mind of Light.

Hand

I AM the hand of God in action,
Gaining Victory every day;
My pure soul's great satisfaction
Is to walk the Middle Way.

Herz

Violettes Feuer, du göttliche Liebe,
lodere auf in diesem meinem Herzen!
Du bist Gnade, für immer wahr,
halte mich stets in Einklang mit dir.

Kopf

ICH BIN Licht, du Christus in mir,
befreie meinen Geist für immer.
Violettes Feuer, leuchte stets
tief in diesem meinem Geist.

Gott, der du mir gibst mein täglich' Brot,
erfülle meinen Kopf mit violettem Feuer,
bis deine himmlische Ausstrahlung
aus meinem Geist einen Lichtgeist macht.

Hand

ICH BIN die Hand Gottes in Aktion,
die jeden Tag den Sieg davonträgt.
Die größte Erfüllung meiner reinen Seele
ist es, den goldenen Mittelweg zu gehen.

Tube of Light

Beloved I AM Presence bright,
Round me seal your Tube of Light
From Ascended Master flame
Called forth now in God's own name.
Let it keep my temple free
From all discord sent to me.

I AM calling forth Violet Fire
To blaze and transmute all desire,
Keeping on in Freedom's name
Till I AM one with the Violet Flame.

Säule des Lichts

Geliebte strahlende ICH BIN-Gegenwart,
umhülle mich mit deiner Säule aus Licht
von der Aufgestiegenen Meister Flammen,
angerufen in Gottes Namen.
Möge sie meinen Tempel befreien
von allem, das versucht, uns zu entzweien.

ICH rufe hervor die violette Flamme,
alle Sehnsüchte zu erhellen und zu verwandeln.
Sie möge brennen in Freiheits Namen,
bis ICH BIN eins mit der violetten Flamme.

Forgiveness

I AM Forgiveness acting here,
Casting out all doubt and fear,
Setting men forever free
With wings of cosmic Victory.

I AM calling in full power
For Forgiveness every hour;
To all life in every place
I flood forth forgiving Grace.

Vergebung

ICH BIN die hier wirkende Vergebung,
die alle Zweifel und Furcht vertreibt
und die Menschen für immer
durch ihre Flügel des kosmischen Sieges befreit.

ICH BIN der Ruf in voller Kraft,
der jede Stunde um Vergebung ruft.
An alle Lebewesen an jedem Ort
verströme ich meine verzeihende Gnade.

Supply

I AM free from fear and doubt,
Casting want and misery out,
Knowing now all good Supply
Ever comes from realms on high.

I AM the hand of God's own Fortune
Flooding forth the treasures of Light,
Now receiving full Abundance
To supply each need of Life.

Versorgung

ICH BIN frei von Angst und Zweifel,
treib' Verlangen und Elend aus.
Weiß, dass immer alle guten Gaben
aus den höchsten Reichen kommen.

ICH BIN die Hand von Gottes
ureigenster Quelle,
ausströmend die Schätze des Lichts.
Ich empfange nun die ganze Fülle,
um jede Not im Leben zu stillen.

Perfection

I AM Life of God-Direction,
Blaze thy light of Truth in me.
Focus here all God's Perfection,
From all discord set me free.

Make and keep me anchored ever
In the Justice of thy plan—
I AM the Presence of Perfection
Living the Life of God in man!

Perfektion

ICH BIN das Leben unter Gottes Führung,
durchflute mich mit deinem Licht der Wahrheit,
richte hierher Gottes Perfektion,
von aller Zwietracht befreie mich.

Veranker' mich fest und für immer
in der Gerechtigkeit deines Plans –
ICH BIN die Gegenwart der Perfektion,
die das Leben Gottes im Menschen lebt!

Transfiguration

I AM changing all my garments,
Old ones for the bright new day;

With the Sun of Understanding
I AM shining all the way.

I AM Light within, without;
I AM Light is all about.
Fill me, free me, glorify me!
Seal me, heal me, purify me!
Until transfigured they describe me:
I AM shining like the Son,
I AM shining like the Sun!

Verklärung

Ich bin beim Wechseln aller meiner Kleider,
leg' Altes ab für den strahlend neuen Tag.

Mit der Sonne des Verstehens,
BIN ICH erleuchtet ganz und gar.

ICH BIN Licht, innen wie außen.
ICH BIN, was immer Licht ist.
Erfülle mich, befreie mich, preise mich!
Versiegle mich, heile mich, reinige mich!
Bis sie sagen, dass ich verwandelt bin:
Ich scheine wie der Sohn,
ich scheine wie die Sonne!

Resurrection

I AM the Flame of Resurrection
Blazing God's pure Light through me.
Now I AM raising every atom,
From every shadow I AM free.

I AM the Light of God's full Presence,
I AM living ever free.
Now the flame of Life eternal
Rises up to Victory.

Auferstehung

ICH BIN die Flamme der Wiederauferstehung,
durchflute mich mit Gottes reinem Licht.
Jetzt beschleunige ich jedes Atom
ICH BIN befreit von allen Schatten.

ICH BIN das Licht von völliger
Gottes-Gegenwart.
ICH BIN das Leben in
immerwährender Freiheit.
Die Flamme des ewigen Lebens
erhebt sich nun zum Sieg.

Ascension

I AM Ascension Light,
Victory flowing free,
All of Good won at last
For all eternity.
I AM Light, all weights are gone.
Into the air I raise;
To all I pour with full God Power
My wondrous song of praise.

All hail! I AM the living Christ,
The ever-loving One.
Ascended now with full God Power,
I AM a blazing Sun!

Aufstieg

ICH BIN das Licht des Aufstiegs,
der Sieg, der frei fließt.
Letztlich siegte all das Gute
für alle Ewigkeit.
ICH BIN das Licht, alle Last ist gewichen.
Ich erhebe mich in die Luft.
Mit ganzer Gotteskraft vergieße ich an alle
mein wundersames Lied des Lobpreises.

Oh Jubel! ICH BIN der lebendige Christus,
der ewig Liebende.
Aufgestiegen nun mit ganzer Gotteskraft –
ICH BIN eine strahlende Sonne!

Grafische Darstellung
Ihres göttlichen Selbst

In der Abbildung* sind drei Gestalten zu sehen, die wir als die höhere, mittlere und untere Gestalt bezeichnen. Die oberste Gestalt ist die ICH BIN-Gegenwart, das ICH BIN DER ICH BIN, die Individualisierung der Gegenwart Gottes für jeden Sohn und jede Tochter des Höchsten. Die 'göttliche Monade' besteht aus der ICH BIN-Gegenwart, die von Lichtkreisen (Farbringen) umgeben ist, die den Kausalkörper bilden.

Das ist der Körper der 'Ersten Kausa', der in seinem Innern die "Schätze des Menschen, die

---

* Siehe Abbildung des göttlichen Selbst, Seite 95.

er im Himmel angesammelt hat" birgt – Worte
und Werke, tugendhafte Gedanken und Gefühle,
Schöpfung und Licht sowie reine Liebesenergie,
die sich aus der Handlungsebene in Raum und
Zeit als Folge der ernsthaften Ausübung des freien
Willens durch den Menschen und die Harmo-
nisierung des Lebensstroms ergeben haben, der
aus dem Herzen der göttlichen Gegenwart
emporsteigt und auf die Ebene des Christuswesens
herabströmt, um von dort aus die inkarnierte
Seele zu motivieren und zu beleben.

Die mittlere Gestalt in der Abbildung ist der
Mittler zwischen Gott und Mensch, auch
'Heiliges Christusselbst', 'Wahres Selbst' oder
'Christusbewusstsein' genannt. Dies wird auch
als 'Höherer Mentalkörper' oder 'Höheres Be-
wusstsein' bezeichnet.

Dieser innere Lehrer beschützt unser niederes
Selbst, das aus der Seele besteht, die sich durch
die vier Ebenen der Materie weiterentwickelt und
dabei die vier niederen Körper (den ätherischen
Körper oder 'Körper der Erinnerung', den Mentalkörper, den Emotionalkörper oder 'Körper der
Sehnsüchte' und den physischen Körper) als

Grafische Darstellung Ihres göttlichen Selbst

Gefährt benutzt, um unser Karma auszugleichen und den göttlichen Plan zu erfüllen.

Die drei Gestalten auf der Abbildung entsprechen der Dreieinigkeit von Vater - der immer auch den Mutteraspekt mit einschließt (die oberste Gestalt) - Sohn (Mitte) und Heiligem Geist (unten). Letzterer dient als Tempel des Heiligen Geistes, dessen Feuer durch die violette Flamme dargestellt ist, die ihn umgibt. Die unterste Gestalt stellt uns als Schüler auf dem Großen Weg dar.

Unsere Seele ist der Aspekt unseres Seins, der zunächst nicht unsterblich ist, durch das Ritual des Aufstiegs jedoch unsterblich wird. Der Aufstieg der Seele ist der Prozess, bei dem sich die Seele, nachdem sie ihr Karma ausgeglichen und ihren göttlichen Plan erfüllt hat, zunächst mit dem Christusbewusstsein und dann mit der lebendigen Gegenwart des ICH BIN DER ICH BIN vereint. Hat dieser Aufstieg der Seele erst einmal stattgefunden, verwandelt sich die Seele, der sterbliche Teil unseres Seins, in das Unzerstörbare, in ein unsterbliches Atom des Körpers Gottes. Die Darstellung des göttlichen Selbst ist folglich ein Abbild unseres Seins: Vergangenheit, Gegenwart und Zukunft.

Die untere Gestalt stellt den Menschensohn oder Sohn des Lichts dar, der sich unter seinem individuellen "Baum des Lebens" entwickelt. So sollten Sie sich dies geistig vorstellen: Sie stehen mit den Füßen in der violetten Flamme, die Sie täglich im Namen Ihrer ICH BIN-Gegenwart und Ihres Heiligen Christusselbst anrufen, damit diese Ihre vier niederen Körper zur Vorbereitung auf das Ritual der alchemistischen Hochzeit reinigen: die Vereinigung Ihrer Seele mit Ihrem Geliebten – dem Heiligen Christusselbst.

Die untere Gestalt ist von einer Lichtsäule umgeben, die als Antwort auf unseren Ruf aus dem Herzen der ICH BIN-Gegenwart entsteht. Es ist ein Zylinder aus weißem Licht, der 24 Stunden am Tag ein schützendes Kraftfeld aufrechterhält, solange wir es in Harmonie bewahren. Wir rufen es auch täglich mit den "Dekreten für Herz, Kopf und Hand" an und können es, wenn nötig, verstärken.

Die dreifältige Flamme des Lebens ist der göttliche Funke, der als Geschenk des Lebens, des Bewusstseins und des freien Willens von der ICH BIN-Gegenwart herabgesandt wird. Sie ist in der Geheimkammer unseres Herzens versiegelt, durch die – mit Hilfe der Liebe, der Weisheit und der Kraft des Göttlichen, die dort verankert sind – die Seele ihren Lebenssinn auf der physischen Ebene erfüllen kann. Die Christusflamme, die Flamme der Freiheit oder die Lilienblüte, ist der Funke des Göttlichen im Menschen, sein Potenzial, seine Christlichkeit zu erreichen. Die Silber- oder Kristallschnur ist der Lebensstrom, der vom Herzen der ICH BIN-Gegenwart zum Heiligen Christusselbst herabströmt, um die Seele und ihre Körper, die ihrem Ausdruck in Zeit und Raum dienen, über die Chakren zu nähren und zu erhalten. Durch diese "Nabelschnur" fließt die Energie der göttlichen Gegenwart ein, strömt über die Wirbel in den Körper des Menschen und gibt der dreifaltigen Flamme ebenso wie dem physischen Herzen den Anstoß zur Entfaltung.

Wenn sich ein Inkarnationszyklus der Seele auf der materiellen Ebene schließt, zieht die ICH BIN-Gegenwart die Silberschnur ein, mit der die dreifältige Flamme auf der Christusebene verbunden ist und hebt die Seele, die mit ihrem ätherischen Gewand bekleidet ist, auf eine höhere Ebene ihrer

Entwicklung, wo sie jeweils zwischen zwei Inkarnationen unterwiesen wird, bis das Große Gesetz endlich beschließt, dass sie nicht mehr zurückkommen muss, um weiterzugehen.

Die Taube des Heiligen Geistes, die vom Herzen des Herrn herabfliegt, ist als Zeichen genau in der Mitte des Hauptes Christi platziert. Wenn der Menschensohn wiederkehrt und sich in das Christusbewusstsein verwandelt, wie Jesus damals, vereint er sich mit dem Heiligen Christusselbst.

Der Heilige Geist ist über ihm und sagt ihm die Worte des Vaters, der geliebten ICH BIN-Gegenwart: "Dies ist mein lieber Sohn, an welchem ich Wohlgefallen habe." (Matthäus 3,17)

FUSSNOTEN

1) Enoch 26, 9-12, ins Englische übersetzt von P. Alexander, in "The Old Testament Pseudepigrapha" ("Die Pseudo-Apokryphen des Alten Testaments"), Band 1, herausgegeben von James H. Charlesworth, Garden City, New York, Doubleday & Company, 1983), S. 281.

2) Jesaja 6, 1-8

3) "The Third Reflection on the Holy Stigmata"("Die dritte Reflexion über die Wundmale Jesu"), in "The Little Flowers of Francis" (Im Deutschen erschienen als: "Die Blümlein des hl. Franziskus'")

4) Offenbarung 12, 7-9

5) Hesekiel 18, 4 und 20

6) Hebräer 7, 1 und 2

DIE AUTORIN

ELIZABETH CLARE PROPHET ist eine weltbekannte Autorin. Zu ihren populärsten Werken gehören "Chakren - deine sieben Energiezentren" (Silberschnur 2005) und eine Reihe von Taschenführern zu "Praktischer Spiritualität". Ihre bahnbrechenden Bestseller sind "Saint Germain - Aus der Fülle schöpfen" (Silberschnur 2008), "The  Lost Years of Jesus: Documentary Evidence of Jesus' 17-Year Journey to the East" und "Reincarnation: The Missing Link in Christianity" (noch nicht in Deutsch erschienen).

Elizabeth Clare Prophet ist eine Pionierin auf dem Gebiet der Erforschung von Techniken zur praktischen Spiritualität, wie etwa der kreativen Kraft des Klanges für das persönliche Wachstum und zur Verwandlung der Welt. Eine große Auswahl ihrer Bücher ist in etwa 30 Sprachen übersetzt worden und wird weltweit vertrieben.Elizabeth Prophet hat sich 1999 zur Ruhe gesetzt und lebte von 1999 bis zu ihrem Tod 2009 in den Rocky Mountains von Montana. Die bisher unveröffentlichten Werke von Mark L. Prophet und Elizabeth Clare Prophet werden nach wie vor von Summit University Press herausgegeben.

Für weitere Informationen zu Büchern, Kassetten, CDs in englischer Sprache und Seminaren zu den spirituellen Techniken dieses Buches wenden Sie sich bitte an: Summit University Press · 63 Summit Way, Gardiner, Montana 59030 Tel.: 406-848-9500 - Fax: 406-848-9555 www.summituniversitypress.com · info@summituniversitypress.com

144 Seiten, broschiert
ISBN 978-3-89845-263-2
€ [D] 6.95

Elizabeth Clare Prophet

Die Kraft deines Höheren Selbst

"Die Kraft Deines Höheren Selbst" stellt einfache Techniken vor, die Ihnen dabei behilflich sein können, eine enge, gut funktionierende Beziehung zu Ihrem Geist zu entwickeln – sowie die Freude, den Frieden und die Stärkung zu erfahren, die Ihr spirituelles Geburtsrecht sind.

Wenn Sie mit Ihrem Höheren Selbst auf einer Wellenlänge sind, werden Sie liebevoller und sensibler für Ihre eigenen Bedürfnisse und die Bedürfnisse anderer. Sie erfüllen Ihr Lebensziel und bringen Ihre größtmögliche Kreativität zum Ausdruck. Erfahren Sie zehn dynamische Schritte zum spirituellen Erwachen, mit deren Hilfe Sie Ihr volles Potenzial verwirklichen können.

128 Seiten, broschiert,
ISBN 978-3-89845-089-8
€ [D] 6,95

Elizabeth Clare Prophet

Die Violette Flamme
Heilung für Körper, Geist & Seele

Die Violette Flamme ist ein Licht, das allen Lebensformen dient und ihnen Achtung und Würde verleiht. Sie ist ein Mittel, sich untereinander zu verbinden und eine Form spiritueller Energie. Sie ist das Attribut des geheimnisvollen Grafen St. Germain, dessen Botschaften E. C. Prophet unter anderem channelt. Heiler und Alchemisten in aller Welt nutzen diese hochfrequente Energie, um Harmonie und Frieden in diese Zeit des spektakulären Übergangs in ein neues Bewusstsein zu bringen. Der Leser erhält in diesem Band unserer "Kleinen Reihe" das Rüstzeug, um mit der Violetten Flamme zu arbeiten.

Elizabeth Clare Prophet

Mantras des Westens

Auf ihre einfache und eindrucksvolle Art führt die amerikanische Bestseller-Autorin die Macht des Wortes in all seinen Nuancen vor, wobei ihre Fallbeispiele jeden noch so skeptischen Leser von der Wirksamkeit des gesprochenen Wortes überzeugen müssen ...

128 Seiten, broschiert
ISBN 978-3-89845-171-0
€ [D] 6,95

Elizabeth Clare Prophet

Seelenpartner & Zwillingsseelen
*Die spirituelle Dimension der Liebe
und unserer Beziehungen*

Die Suche nach der wahren Liebe und nach dem perfekten Partner ist wohl das am meisten behandelte Thema der Weltgeschichte überhaupt. "Seelenpartner und Zwillingsseelen" enthüllt mit Wärme und Weisheit die spirituelle Dimension von Beziehungen und zeigt neue

176 Seiten, broschiert
ISBN 978-3-89845-126-0
€ [D] 6,95

Wege auf, um zu Ganzheit und wahrer Liebe zu finden. Sie lernen viel Wissenswertes über Seelenpartner, Duale und karmische Partner, und man beginnt zu verstehen, weshalb man gerade bestimmte Liebschaften in sein Leben zieht – sogar, warum selbst die schwierigste Beziehung geradezu ein Sprungbrett zur perfekten Liebe sein kann.

184 Seiten, broschiert,
ISBN 978-3-89845-249-6
€ [D] 6,95

Elizabeth Clare Prophet

Die Engel dir zur Seite

In ihren vier Erzengel-Bänden hat sich die amerikanische Bestsellerautorin Elizabeth Clare Prophet als wahre Engelspezialistin erwiesen. In diesem Buch geht es um den oder die Schutzengel, die dem Menschen zum Schutz zur Seite gestellt sind. Christus selbst ist unser bedeutsamster Schutzengel, und er führt die anderen Schutzengel an, die unseren Weg begleiten. Doch wir haben nicht nur einen Schutzengel – wir haben viele. Der Leser wird behutsam durch praktische Übungen und interessante Enthüllungen in die Welt der Schutzengel entführt. So können wir lernen, all diese Engel in unser Leben zu integrieren.

216 Seiten, broschiert
ISBN 978-3-89845-121-5
€ [D] 12,90

Marie-Pascale Rémy

Erfahrungen mit Engeln

Was ist ein Engel? Er ist eine Manifestation Gottes. Er ist aber auch ein Teil von uns selbst – in einer anderen Form. Über Engel zu sprechen, das ist gleichbedeutend damit, über Gott zu sprechen sowie eine meist vernachlässigte und versteckte Zone von sich selbst zu erfahren. Der Engel ist derjenige, der die Begabungen und verborgenen Talente in jedem von uns wecken kann – immer das Beste erwartend.

Wie kann man nun Erfahrungen mit Engeln machen? Dieser praktische Ratgeber bietet zahlreiche Übungen, die eine einfühlsame Annäherung an die tägliche Präsenz des Engels in unserem Leben möglich machen.

Weitere Bücher von Silberschnur unter www.silberschnur.de

Die Erzengel-Bücher von Elizabeth Clare Prophet

Weiterführende Informationen zu
Büchern, Autoren und den Aktivitäten
des Silberschnur Verlages erhalten Sie unter:
www.silberschnur.de

Sie können uns alternativ
die beiliegende *Postkarte* zusenden.

Ihr Interesse wird belohnt!